BEI GRIN MACHT SICH IHR WISSEN BEZAHLT

- Wir veröffentlichen Ihre Hausarbeit,
  Bachelor- und Masterarbeit

- Ihr eigenes eBook und Buch -
  weltweit in allen wichtigen Shops

- Verdienen Sie an jedem Verkauf

Jetzt bei www.GRIN.com hochladen und kostenlos publizieren

Bibliografische Information der Deutschen Nationalbibliothek:

Die Deutsche Bibliothek verzeichnet diese Publikation in der Deutschen National-bibliografie; detaillierte bibliografische Daten sind im Internet über http://dnb.d-nb.de/ abrufbar.

Dieses Werk sowie alle darin enthaltenen einzelnen Beiträge und Abbildungen sind urheberrechtlich geschützt. Jede Verwertung, die nicht ausdrücklich vom Urheberrechtsschutz zugelassen ist, bedarf der vorherigen Zustimmung des Verla-ges. Das gilt insbesondere für Vervielfältigungen, Bearbeitungen, Übersetzungen, Mikroverfilmungen, Auswertungen durch Datenbanken und für die Einspeicherung und Verarbeitung in elektronische Systeme. Alle Rechte, auch die des auszugsweisen Nachdrucks, der fotomechanischen Wiedergabe (einschließlich Mikrokopie) sowie der Auswertung durch Datenbanken oder ähnliche Einrichtungen, vorbehalten.

Impressum:

Copyright © 2014 GRIN Verlag
Druck und Bindung: Books on Demand GmbH, Norderstedt Germany
ISBN: 9783668893672

Dieses Buch bei GRIN:

https://www.grin.com/document/457318

Erna Bojt

Conceptual Change aus kognitionstheoretischer und situierter Sicht

Ein Vergleich verschiedener Ansätze zur Wissensveränderung

GRIN Verlag

GRIN - Your knowledge has value

Der GRIN Verlag publiziert seit 1998 wissenschaftliche Arbeiten von Studenten, Hochschullehrern und anderen Akademikern als eBook und gedrucktes Buch. Die Verlagswebsite www.grin.com ist die ideale Plattform zur Veröffentlichung von Hausarbeiten, Abschlussarbeiten, wissenschaftlichen Aufsätzen, Dissertationen und Fachbüchern.

Besuchen Sie uns im Internet:

http://www.grin.com/

http://www.facebook.com/grincom

http://www.twitter.com/grin_com

Conceptual Change

Ein Vergleich verschiedener Ansätze aus kognitionstheoretischer und situierter Sicht des Conceptual Change

Seminararbeit eingereicht von:

Erna Bojt

Inhaltsverzeichnis

1. Vorwort

Bereits zu Beginn meines Studiums an der Pädagogischen Hochschule habe ich mich besonders auf die Vorlesungen und die Seminare des Moduls Erziehungswissenschaften gefreut. Ich finde es sehr spannend, einen Einblick in die menschliche Psyche und Denkweise zu bekommen, zu verstehen, wie Individuen ticken und einen Zugang zu ihren Gedankengängen zu finden. Somit ist diese „pädagogische Psychologie" der Lernentwicklung sehr reizvoll für mich. Im 1. Semester hatte ich Gelegenheit, als erstes meine Kenntnisse hinsichtlich des historischen sowie bildungstheoretischen Ansatzes der Kognitionsforschung im Modul „Erziehungswissenschaft Unterricht" vertiefen. So erlangte ich viele neue und interessante Erkenntnisse, wie zum Beispiel die Entwicklung des Bildungsbegriffes und die für mich persönlich passende Definition dieser. Das erste Mal behandelten wir Conceptual Change vor knapp einem Jahr im Modul Fachwissenschaften Sachunterricht. Wir haben die Konzeptwechsel von Kindern kennengelernt, das Thema jedoch nicht tiefer behandelt. Später im 2. Semester beschäftigte ich mich zuerst mit dem Phänomen des Entdeckenden Lernens und kam, während ich mir die ersten Gedanken zur Seminararbeit machte, erneut mit dem Begriff des Conceptual Change in Berührung. Ich wollte mich aber näher mit der Thematik auseinandersetzten und begann, Texte dazu zu lesen. Ich habe festgestellt, dass dieses Thema nicht ganz so überschaubar ist, wie ich zuvor annahm, denn ich habe einige unterschiedliche Ansatzpunkte des Conceptual Change kennengelernt und möchte in dieser Arbeit näher auf diese eingehen. Ich möchte ihre Begründer und ihre Herkunft vorstellen, sie miteinander vergleichen und die negativen wie positiven Faktoren der unterschiedlichen Ansätze aufzeigen. Ich beginne mit dem kognitiven Ansatz und stelle zuerst das kognitionstheoretische Modell von Jean Piaget vor, die die Basis für den Rahmentheorieansatz von Stella Vosniadou bildet. Ich untersuche diese Modelle hinsichtlich der Faktoren wodurch sie ausgezeichnet werden, wie sie zusammenhängen und inwiefern Piagets Theorie die von Vosniadou beeinflusst und verändert hat. Danach werde ich näher auf Conceptual Change aus situierter Sicht eingehen. Wygotskys Verständnis von Konzepten als Werkzeug für Aktionen in bestimmten Situationen ist ein konträrer Theorieansatz. Sehr interessiert hat mich auch der Ansatz von Roger Säljö, der als radikal gilt und den ich in dieser Arbeit hervorheben möchte. Er sieht Konzepte nicht nur als Werkzeuge für Aktivitäten in bestimmten Situationen, sondern diskutiert unter anderem auch über konzeptuelle Klassifikation. Dies beruht wiederum auf den Kategorisierungsansatz von Chi. Was genau

2

bedeutet das? Welches sind die Kritikpunkte dieser Theorien? Ich werde die im oberen Absatz erwähnten Ansätze darstellen und erläutern und nutze hierzu hauptsächlich verschiedene Dokumente und Bücher von Wolfgang Schnotz sowie Robin Stark, die diese vergleichen. Diese werde ich zum besseren Verständnis zusätzlich mit Beispielen aus anderen wissenschaftlichen Quellen belegen. Ich werde am Ende meiner Arbeit anhand der verwendeten Literaturliste die gestellte Fragen beantworten und einen Gesamtüberblick skizzieren. Des Weiteren werde ich im Verlauf dieser Arbeit den Begriff „der Lernende" für männliche wie auch weibliche Individuen benutzen.

2. Einleitung

Lernende bilden, wissenschaftliche Phänomene betreffend, schon sehr früh eigene Theorien. Vom Anfang ihres Lebens konstruieren sie erworbenes Wissen aktiv zu Zusammenhängen. Bereits Babys besitzen ein Neugierverhalten und streben somit Wissenserwerb an, was schon früh einen grossen Schatz an Alltagswissen mit sich bringt. Ihre Ideen und Vorstellungen beziehen sie aus Erfahrungen, Erlebnissen und Informationen aus ihrem Alltag. Bereits vor Eintritt in die Schule haben sie viel Wissen konstruiert. Diese Alltagskonzepte werden unter anderem von Schnotz (2006 a und b) als Fehlkonzepte bezeichnet. Diese sogenannten naiven Theorien oder naiven Konzepte haben meistens noch nicht viel mit den wissenschaftlich korrekten Theorien zu tun. Es ist wichtig, dass sich diese kindlichen Konzepte verändern können und somit ein Konzeptwechsel stattfindet, damit der Lernende sich in der wissenschaftlichen Welt zurechtfinden kann. Schule bringt somit eine Reorganisation vorhandenen Wissens mit sich (vgl. Schnotz 2006, a: 77).

Sinatra und Pintrich zitieren Einstein (Sinatra und Pintrich 2003: ix) wie folgt:

<<The world we live in is a product of our thinking,

to change the world we must change our thinking>>

Frei würde ich dies so übersetzten: Die Welt ist ein Produkt unseres Denkens, und um die Welt zu verändern, müssen wir zuerst unsere Denkweise ändern. Ich werde nun aufzeigen, welche Definitionen es von Conceptual Change gibt und wie sich unsere Sichtweisen bzw. unsere Konzepte verändern. Auch werde ich darauf eingehen, welche wichtigsten Ansätze es gibt und welche Voraussetzungen und Bedingungen für einen gelungenen Konzeptwechsel erfüllt werden müssen.

3. Definition „Conceptual Change"

Um Conceptual Change definieren können, werde ich dies zuerst mit dem bereits aufgetauchten Konzeptbegriff tun. Ein Konzept ist ein vorläufiger Plan des Lernenden, der im Verlauf seiner Entwicklung und seines Lernens weiter ausgebaut und verändert wird. Nun komme ich zum Begriff des Conceptual Change. Laut Schnotz (2006, a) ist Conceptual Change nicht nur die Veränderung einzelner Konzepte, sondern auch die ganzer Wissensstrukturen. Dies führt zu einer Wissensveränderung in der gesamten Entwicklung (vgl. Schnotz 2006, a: 77). Möller (2007) definiert Conceptual Change als gedankliche Entwicklung von Ideen und Begriffen. Also ist der häufig verwendete Begriff des Konzeptwechsels ihrer Meinung nach falsch, vielmehr ist es eine Konzeptveränderung, bzw. eine konzeptuelle Entwicklung. (vgl. Möller 2007: 259f.). Ich schliesse mich dem an, verwende aber im Folgenden weiterhin den Begriff Konzeptwechsel, weil der in der gängigen Literatur der verwendete Begriff ist. Aber wann ist ein Konzeptwechsel nötig und welche Bedingungen sind nötig es, um ihn am besten möglich zu machen? Das Wichtigste ist die Unzufriedenheit, die durch die Integration neuer Informationen ausgelöst wird. Eigene, bestehende Konzepte sind auf einmal nicht mehr kohärent, also nicht mehr in sich stimmig und die ursprünglich individuell konstruierten Erklärungen nicht länger zufriedenstellend. Der Lernende muss neue Erklärungen finden, die verständlich, einleuchtend und fruchtbar sind. Dies bestätigt auch Schnotz (vgl. Schnotz 2006, a: 78). Laut Schnotz (2006, a) ist instruktionspsychologisch gesehen das Ziel von Wissensveränderungen, vorhandene Fehlkonzepte durch wissenschaftliche Konzepte zu ersetzten. Aber er erachtet diese Konzeptwechsel oft als herausfordernd (vgl. Schnotz, 2006, a: 78). Denn oft genug haben sich naive Konzepte jahrelang bewährt und trotz einer längeren Schulkarriere existieren <<Alltags und Schulwissen oft unverbunden nebeneinander, und die Alltagskonzepte gelangen in entsprechenden Kontexten weiter zur Anwendung>> (Schnotz 2006, a: 78). Es kann auch vorkommen, dass naive Konzepte immer noch kohärent, sprich in sich stimmig bleiben, aber wissenschaftlich falsch sind. Dann muss das Konzept als Ganzes verworfen werden und Platz für ein Neues machen. Dies ist für den Lernenden sehr schwierig, und aus diesem Grund werde ich hierauf mit dem Rahmentheorieansatz von Vosniadou näher eingehen. Neben diesen oben genannten Ansätzen gibt es weitere kognitive und situierte Ansätze, um Conceptual Change zu erklären. Auf die möchte ich nun zu sprechen kommen. Beginnend mit Piaget und Vygotski, deren gegensätzliche Ansichten des Conceptual Change immer noch Nährboden für eine wissenschaftliche Diskussion bieten. Aufgebaut auf Piagets kognitionstheoretischen Ansatz ist Vosniadous Rahmentheorie. Im Gegensatz zu diesen ist Vygotskys situierte Sicht Basis für Roger Säljö, auf dessen radikalen Ansatz ich später eingehen werde. Weshalb sie als radikal gilt, werde ich in Kapitel 5.3. aufführen. Zusätzlich stelle ich den Kategorisierungsansatz von Chi vor. Sie sieht Conceptual Change als „Neukategorisierung" von Wissen und bietet auch Hintergrund für Säljös Theorie (vgl. Schnotz, 2006 a: 77). Ich beginne mit den Ansätzen aus kognitionstheoretischer Sicht.

4. Kognitive Ansätze

4.1. Kognitionstheoretisches Modell von Piaget

Jean Piaget (1930) war ein Schweizer Entwicklungspsychologe, der kognitive Entwicklungen bei Kindern beobachtete und so sein kognitionstheoretisches Modell aufstellte. Siegler, DeLoache und Eisenberg (2008) beschreiben Piagets Sicht wie folgt. Er nahm an, dass Kinder von Geburt an geistig wie auch körperlich aktiv sind, und diese Anlagen sowie auch die Umwelt, hier die Erfahrungen des Einzelnen, für diese sich entwickelnden Prozesse verantwortlich sind. Er deklarierte das Kind zum „Wissenschaftler". Durch eine eigene, innere Motivation versucht das Individuum sein Wissen zu vergrössern, sich seiner Umwelt anzupassen, um sie besser zu verstehen und zu erklären können. Diese sogenannte Adaption des Wissens an die Umwelt und ihre Strukturen ist ein Urinstinkt und eine Notwendigkeit. Der Lernende sucht also dieses Gleichgewicht zwischen Wissen und Umwelt und erreicht die nächste Lernstufe aus eigenem Antrieb. Piaget nennt dies in seinem Stufenmodell Äquilibration, welche die intrinsisch begründete Selbstentfaltung jedes Einzelnen meint (vgl. Siegert, DeLoache und Eisenberg, 2008: 181). Somit wird Piagets kognitionstheoretischer Ansatz auch konstruktivistischer Ansatz genannt, da das Wissen vom Lernenden konstruiert wird. Es gibt jedoch viel Kritik an dieser Theorie, denen auch ich zustimme. Einerseits schliesst sie die Beeinflussung sozialer Faktoren aus, andererseits werden Kompetenzen von Kindern unterschätzt und eine lebenslange Weiterentwicklung und Lernen ausgeschlossen, weil seine Stufen und somit die Entwicklung des Lernenden ab einem bestimmten Alter enden.

Auch Schnotz (2006, a) zweifelt daran, Kinder als naive Wissenschaftler zu sehen, denn das, was einen Wissenschaftler ausmacht, seien <<die Koordination von Theorie und Beobachtungen>> (Schnotz, 2006, a: 78, paraphrasiert nach Kuhn 1989), wozu Kinder laut ihm von ihren abstrahierenden Fähigkeiten ausgehend keineswegs in der Lage seien (vgl. Schnotz 2006, a: 78). Des Weiteren bestätigt Grundmann (1999) die Kritik an Piagets Modell über das Fehlen der sozialen Umwelt. Er betont, dass durch verschiedene Studien nachgewiesen wurde, wie wichtig vor allem die <<soziale Bindung der Heranwachsenden und gleichzeitig die intergenerationale Vermittlung von Handlungswissen>> für die Kompetenz- und Persönlichkeitsbildung sind (Grundmann 1999: 25). Auf diese viel kritisierte aber lange Zeit von der Wissenschaft als Massstab angesehene Theorie von Piaget stützt sich der Rahmentheorieansatz von Stella Vosniadou, worauf ich im nächsten Abschnitt eingehen werde.

4.2. Rahmentheorieansatz von Vosniadou

Dieser Ansatz des Conceptual Change aus kognitiver Sicht ist der Rahmentheorieansatz (2008). Er beinhaltet Stark (2003) zufolge auf der einen Seite ontologische Überzeugungen, also Kenntnisse von Strukturen von Räumen und Eigenschaften bestimmter Objekte. Auf der anderen Seite epistemologische Überzeugungen, z.B., dass <<Dinge so sind, wie sie uns erscheinen>> (Stark 2003: 134). Aus diesen Überzeugungen entstehen Konzepte, die sich schon früh entwickeln und sich im Alltag bewährt haben (vgl. Stark, 2003: 134). Dies führt aber auch meiner Meinung nach dazu, dass sie auch sehr schwer veränderbar oder korrigierbar sind. Denn diese sogenannten Rahmentheorien sind, wie bereits in der Einleitung erwähnt, meistens nicht in Übereinstimmung mit wissenschaftlich korrekten Theorien und müssen verändert werden, damit der Lernende in seiner Entwicklung nicht stehen bleibt. Wenn der Lernende neue Informationen eines Konzepts betreffend erhält, tritt eine nicht mehr zufriedenstellende Erklärung der bisherigen Struktur auf, die verändert werden will. Vosniadou nennt dies laut Stark (2003) die graduelle Modifikation mentaler Modelle. Diese Anreicherung durch neue Informationen führt zu einer Veränderung der bisherigen kognitiven Strukturen, die oft persönlich angepasst, also assimiliert werden und zu Fehlkonzepten führen. Wenn nun diese neue Theorie auf einer bereits falschen Rahmentheorie basiert, wird eine Veränderung sehr schwierig. Genau dies betont auch Vosniadou (vgl. Stark 2003: 135). Auf dies komme ich im nächsten Abschnitt im Beispiel von Guzzetti und Hynd (1998) zurück.

Zur besseren Vorstellung bedient Vosniadou (2008: 386) sich des Scheiben-Modells der Erde, das bei jüngeren Kindern vorkommt. Dieses initiale Modell wird beeinflusst von den Alltagserfahrungen der Kinder, die aus ihrer Umwelt heraus die Vorstellung haben, die Erde sei flach. Das Kugel-Modell der Erde, also die Erde als Körper im Raum, ist in den Köpfen noch nicht existent. Ältere Kinder haben bereits eine wissenschaftliche Vorstellung von dem Konzept Erde, vermischen jedoch ihr initiales Modell der Scheibe und das der Kugel. Somit entsteht das Zwei-Erden-Modell, eine Kombination verschiedener Modelle. Die nennt Vosniadou das synthetische Modell (vgl. Vosniadou 2008: 386). Erst, wenn alle Fehlvorstellungen und falsche Strukturen aus einem Konzept ausgeschlossen wurden, tritt das wissenschaftliche Konzept in Kraft. Vosniadous Rahmentheorien machen Wissensveränderung laut Stark, wie im letzten Abschnitt bereits erwähnt, schwer. Denn Alltagserfahrungen sind, bedingt durch Bestätigungen und durch subjektive Wahrnehmungen, sehr tief im Wissen verankert. Dies betont auch Piaget, was auch seine Beeinflussung von Vosniadou bestätigt. Eine Veränderung solcher inhaltsspezifischen Rahmentheorien ist für die Betroffenen auch laut Schnotz schwerer als gedacht (vgl. Schnotz 2006, a: 80). Ein weiteres Beispiel machen Guzzetti und Hynd (1998). Ein Mädchen wurde in mehreren Sitzungen von ihrer Grossmutter zur Scheiben- und zum Kugel-Modell der Erde befragt, wo die Menschen auf der Erde leben würden und warum sie nicht von der Erde fallen. Was passieren würde, wenn man ein tiefes Loch in die Erde gräbt, ob die Menschen komplett durch die Erde fallen würden oder nur bis zu ihrer Mitte. Warum es Tag und Nacht gibt, wo der Mond genau sei und was er denn für eine Rolle spielen würde. Und woher es das alles denn wisse. Das Mädchen, man nannte sie Jennifer, sagte, das meiste wisse es von der Lehrperson und es hatte zu jeder der oben genannten Fragen ein naives Konzept. Jennifer stand zu ihren Erklärungen und liess sich nicht beirren. Nach vielen Sitzungen mit ihrer Grossmutter, die ihr wissenschaftliche Erklärungen und Bücher zeigte, fing sie an, andere Erklärungen in Betracht zu ziehen. Aber da viele dieser Erklärungen, wie z.B. die Antwort auf die Frage des Sturzes ins Erdinnere nur theoretisch waren, da ja noch nie ein solch tiefes Loch gegraben wurde, liess sie nicht von ihrer Meinung ab. Sie beharrte darauf, dass die Menschen durch die Erde durchfallen würden, erst viel später verstand sie das Prinzip der Gravitation. Auch wissenschaftliche Bücher stempelte sie lange als Märchen ab. Aber sie war in jeglicher Hinsicht verunsichert und fing an, sich zu widersprechen. Erst nach und nach konnte sie nach vielen Diskussionen mit der Grossmutter den wissenschaftlichen Konzepten nähergebracht und teilweise oder ganz von ihnen überzeugt werden (vgl. Guzzetti und Hynd, 1998: 7-15).

Laut den Autoren ist Selbstvertrauen zwar eine gute Sache, kann aber auch Nachteile mit sich bringen. Es kann dem Lernenden im Weg stehen, wenn er zu starr ist und selbst die Möglichkeit eines Conceptual Change in Frage stellt. Gleichzeitig muss das Selbstvertrauen ins eigene Lernen und in sich als Lernende gross genug sein, um Veränderungen des eigenen Konzeptes zuzulassen (vgl. Guzzetti und Hynd, 1998: 15). Auch meiner Meinung nach ist es sehr wichtig, Wissensänderungen zulassen zu können, damit der Lernende sich weiterentwickeln und in der heutigen wissenschaftlichen Welt bestehen kann.

5. Ansätze aus situierter Sicht

5.1. Vygotskys situierte Sicht des Conceptual Change

Lew Semjonowitch Vygotsky (1930) war ein sowjetischer Psychologe, der in Gomel und später auch in Moskau Psychologie an der Universität lehrte. Er ist ein Vertreter des handlungstheoretischen-konstruktivistischen Ansatzes und sieht Wissenserwerb von einer ganz anderen Seite. Seiner Ansicht nach basieren Lernprozesse und Entwicklungsprozesse auf Tätigkeiten des Lernenden, er betreibt somit eine sogenannte „Tätigkeitspsychologie" (vgl. Schnotz 2006, b: 43).

<<Nach Vygotsky gehören naive Konzepte und wissenschaftliche Konzepte qualitativ unterschiedlichen Begriffssystemen an>> (Schnotz 2006, a: 77).

Seiner Meinung nach ist Lernen immer in sozialen Aktivitäten eingebunden, welche das wissenschaftliche Konzept überhaupt erst ausmacht. Anders kann ein Individuum gar nicht in eine Kultur hineinwachsen und nur so findet Enkulturation statt. Wissen und Konzepte sind für Vygotsky Werkzeuge. Er sieht erworbenes Wissen als träge, solange Wissen und Handlung voneinander getrennt sind. Der Lernende braucht Vygotsky zufolge zunächst mehr, dann immer weniger Hilfestellung beim Erlernen einer neuen Handlung, bis er irgendwann selbständig ist. Diesen Bereich zwischen den Grenzen der Nicht- bzw. Selbstständigkeit nennt Vygotski die Zone der nächsten Entwicklung. Dies ist die Kennzeichnung des aktuellen Entwicklungsstandes eines jeden Einzelnen, wo er angemessen gefordert wird und sich und sein Wissen entfalten kann (vgl. Schnotz, 2006, b: 44). Um Wissen durch Handlungen erwerben zu können, müssen Situationen geschaffen werden, in denen sie angewendet und erprobt werden können. Deswegen spricht man hier von der situierten Sicht. Der Lernende muss die praktische Auseinandersetzung mit seiner Umwelt führen können, um einen

8

grösstmöglichen Lerneffekt zu erzielen (vgl. Schnotz 2006 a und b). Zudem betont Schnotz die Wichtigkeit der Situiertheit, sowie zusätzlich die des sozialen Kontextes und des konstruktiven Prozesses. Lernen ist somit immer ein konstruktiver Prozess, der in einer bestimmten sozialen Situation stattfindet, dieser Ansatz wird demnach auch als Soziokonstruktivismus bezeichnet. Dieser hat sich erst in den 80-er Jahren mehr oder weniger als pädagogisch-psychologischer Ansatz etabliert (vgl. Schnotz 2006, b: 52). Der gleichen Meinung ist auch Bruner, der verschiedene Experimente mit Schulkindern durchgeführt hat. Den Kindern wurden in Gruppen aufgeteilt die gleichen Informationen gegeben. Eine Gruppe hatte die Aufgabe, dass sie sich die Informationen gut merken sollte, da sie sie weitergeben mussten. Die andere Gruppe erhielt keine zusätzlichen Informationen. Es stellte sich heraus, dass die erste Gruppe, welche die Informationen mit situierten Verknüpfungen und genauer Begründung erhielt, sich die Informationen viel besser merken und schliesslich weitergeben konnte. Die zweite Gruppe, die ohne diese zusätzlichen Informationen agierte, war weniger organisiert und weniger erfolgreich. Bruner bestätigt somit Conceptual Change in bestimmten Situationen als lehrreicher (vgl. Bruner, 1973: 19f.). Auch ich sehe Conceptual Change aus situierter Sicht als geeignetere Möglichkeit für Konzeptwechsel und Lernen. Oft wird in der Schule Wissen und Handeln getrennt und man weiss vieles, kann das Wissen aber nicht situationsgerecht auf Beispiele anwenden. Das Wissen ist vorhanden, aber nicht verknüpft mit dem Handeln und bildet somit kein Werkzeug, welches zur Autonomie des Lernenden führt. Ein möglicher Kritikpunkt ist die der zu spezifischen Situiertheit. Darauf komme ich in meiner Zusammenfassung zurück. Vygotsky hebt in seinem Buch ein ganz besonderes Werkzeug des Menschen hervor. Die Sprache. Was wäre die Sprache ohne einen situationsbezogenen, sozialen Kontext? Genau wie andere symbolische Zeichen entwickeln Kinder die sprachlichen Zeichen in Bezug zu ihrer Bedeutung. Und da dieses neue Werkzeug „Sprache" organisiert und strukturiert wird, führt sie durch ihren praktischen Gebrauch zu einer neuen Form des menschlichen Verhaltens, was ohne die soziale Umwelt unmöglich wäre (vgl. Vygotsky 1978: 23f.).

5.2. Kategorisierungsansatz von Chi

Michelene T.H. Chi (1994) ist eine andere Vertreterin des Conceptual Change aus situierter Sicht. Sie unterscheidet drei verschiedene Kategorien von Konzepten. Dinge, Prozesse und mentale Zustände. Robin Stark (2003) beschreibt den Ansatz so: Chis Meinung nach liegt dann ein Conceptual Change vor, wenn ein Konzept, das unter einer falschen Kategorie eingeteilt wurde, im Verlauf des Lernens der richtigen untergestellt wird. Fehlkonzepte sind hier also Kategorisierungsfehler. Es findet demnach ein Wechsel der Kategorien statt. Herausgehoben werden physikalische Probleme, unter anderem das Beispiel von Kraft als physikalischer Prozess. Kraft wird oft fälschlicherweise der Dinge-Kategorie zugeordnet, als eine Art Impuls, dabei ist es ein physikalischer Prozess, der auf einen Körper wirkt, egal ob dieser sich bewegt oder nicht (vgl. Stark 2003: 135).

<<Wenn alltägliche Phänomene in der physikalischen Welt erklärt werden, kommt es häufig zu solchen substanzbasierten Fehlkonzepten...liegt eine solche Inkompatibilität vor, ist Conceptual Change notwendig - im Kategorisierungsansatz entspricht dies der Zuweisung zu einer anderen ontologischen Kategorie>> (Stark 2003: 135).

Dies ist auch Starks (2003) Erklärung dafür, dass Prozesse dieser sogenannten „Constraint – Based - Interaction" Subkategorie, in der es um natürliche und künstliche Prozesse geht, oft erst sehr spät im Physikstudium verstanden werden, und somit vorher keine Konzeptwechsel stattfinden kann.   Die falsche Kategorisierung dieser Prozesse fällt bis zu einem gewissen Punkt nicht auf, denn oberflächlich gesehen sind einige Prozesse der „Ding–Kategorie" den Prozessen in der „Constraint – Based – Interaction" Kategorie sehr ähnlich. Die Unterschiede werden erst sichtbar, wenn sie detailliert erschlossen werden. Deswegen ist es aus der Perspektive der Pädagogik schwierig, Letztere zu definieren und somit zu unterrichten. Diese Annahmen von Chi basieren auf Befragungen, sind aber nicht fundiert, da sie empirisch nicht belegt sind (vgl. Stark 2003: 136).

5.3. Die radikale Sicht von Säljö

Roger Säljö (1999) ist ein Entwicklungspsychologe aus Schweden, der davon ausgeht, dass allein der Gebrauch eines Konzeptes seine Bedeutung ausmacht. Also findet dieser Gebrauch immer nicht nur in einem kulturellen und sozialen, sondern auch in einem historischen und gesellschaftlichen Kontext statt. Stark (2003) erwähnt hier das von Säljö hervorgebrachte Beispiel um die Diskussion, was denn eine Banane sei (vgl. Stark 2003: 140f.) Säljö macht hier den Kategorisierungsansatz von Chi zur Grundlage des Streitgespräches. Die Banane muss zuerst einer Kategorie zugewiesen werden und so bringt er den historischen Kontext ins Spiel. Biologisch gesehen ist die Definition der Banane und somit ihre Kategorie als Ding gegeben, es ist klar und einfach. Setzt sie in den anderen Kontext der Machtverhältnisse, muss dieses Konzept ausgehandelt werden. Kann z.B. eine grüne und somit unreife Banane, die nicht krumm genug ist, unverzollt über die Grenze? Denn Bananen sind ja per Definition gelb und krumm. Solche Fragen werden von verschiedenen politischen Parteien, Geschäftsleuten und Organisationen gestellt und dadurch werden Konzepte abstrahiert und zur politischen Diskussion gemacht. Lange wurde deswegen über die Einfuhrzölle von Bananen diskutiert, die oben Erwähnten stritten sich über das Konzept der „Banane". Zuerst muss die Klassifikation des Konzeptes festgestellt werden, denn Konzepte sind hier die Grundlagen der Handwerkszeuge für Aktionen. Somit betont Säljö noch einmal, dass wir Eindrücke nicht nur wahrnehmen, sondern sie immer in einen Kontext setzten, so dass sie bestmöglich in unser Konzept passen (vgl. Säljö 1999: 82). Zusätzlich nimmt Säljö (1999: 84) Bezug auf die moderne Kognitionspsychologie. Seiner Meinung nach sind im Gegensatz zu Piaget und Vygotsky Konzepte nur abstrakte Konstrukte zwischen Gehirn und Verhalten des Lernenden, und dies macht seine Radikalität aus (vgl. Säljö 1999: 82) Er wirft laut Stark (2003: 142) der Kognitionstheorie eine sogenannte Verdinglichung der Konzepte vor. Viel wichtiger sind für ihn die Fragen, auf welche Art neue Informationen verarbeitet werden und welche Reaktionen sie in bestimmten Situationen, er nennt dies Settings, auslösen. Und genau wegen solcher Fragen interessiert mich seine Sicht sehr. Säljö sieht Konzeptwissen immer sehr eng mit physischen Fähigkeiten in der Praxis verknüpft und zeigt dies noch einmal am Beispiel des Schmiedes auf. Der Schmied braucht nicht nur Konzeptwissen über die Eigenschaften des Materials Eisen, mit dem er arbeitet. Er muss auch über das ästhetische Können verfügen, um sein Wissen in die Praxis umzusetzen. Für Säljö stellt diese Aktivität, die in einer bestimmten Gemeinschaft in einem bestimmten Kotext erlernt wurde, zugleich Kommunikation, Lernen und somit Conceptual Change dar (vgl. Säljö 1999: 83f.). Hier kommt nun die Radikalität von Säljös Ansicht wieder zur Sprache. Er betont, dass er Konzepte und Conceptual Change an sich nicht interpretieren möchte und untersucht Conceptual Change in Bezug auf Sprache und Kommunikation. Nicht die Antworten auf Fragen interessieren ihn, sondern die Frage an sich. Welche Reaktion löst sie in jedem einzelnen aus? Konzeptwissen ist Säljö zufolge also nur die Grundlage dafür, wie eine Person eine Frage versteht. Er wirft folgende Fragen in die Runde: Warum sollen wir das Dasein von Kognition und Konzepten untersuchen? Warum nicht die Menschen in Situationen untersuchen, wie sie ihre Konzepte verwenden und benutzen, um Kompetenzen zu erwerben? Dann wären Konzepte nur noch Handwerkszeug beim Denken und in der Kommunikation (vgl. Säljö 1999: 89f.). Ein Kritikpunkt, den Stark (2003) in Säljös Ansatz sieht, ist unter anderem der des kulturellen Kontextes. Gerade beim Thema politischer Diskussionen und Machtverhältnisse: Es muss zuerst entschieden werden, welche Parteien mit einbezogen werden und welche Konzepte oder Definitionen es besprechen gilt. Konzepte werden also diskutierbar und somit veränderbar und <<müssen im sozialen Diskurs immer wieder ausgehandelt werden>> (Stark 2003: 141).

6. Ausblick auf die Conceptual Change – Forschung

Wie aus meinen Ausführungen zu entnehmen ist, sind die dargestellten Ansätze des Conceptual Change sehr unterschiedlich.

<<Kognitiven Ansätzen liegen andere ontologische und epistemologische Überzeugungen zu Grunde als situierten Ansätzen>> (Stark, 2003: 141)

Sogar innerhalb den kognitiven sowie den situierten Ansätzen sind die Schwerpunkte unterschiedlich gelagert, Stark spricht hier von unterschiedlichen Rahmentheorien. Laut Forschung ist die Möglichkeit, dass die kognitiven Ansätze die situierten ersetzen, oder auch das Gegenteil, nicht vorstellbar. Eher geht es in die Richtung, dass die situierten wie auch kognitionstheoretischen Ansätze sich nebeneinander weiterentwickeln. Es gibt zwar ein von Vertretern beider Ansätze geschriebenes gemeinsames Papier, dies ist jedoch nicht als Grundlage für eine „Annäherung der Ansätze" geeignet. Beide Seiten könnten aber durchaus davon profitieren (vgl. Stark 2003: 142). Auch Säljös radikaler Ansatz müsste laut Stark weiterentwickelt werden, denn diese Theorie wirft seiner Meinung nach mehr Fragen als Antworten auf, da sie sehr abstrakt und vor allem wissenschaftlich nicht belegt werden kann (vgl. Stark 2003: 141f.). Vereinfacht gesagt, könnten auf jeden Fall beide Seiten wechselseitig voneinander profitieren. Ein Ausblick darauf könnte Stark zufolge eine aktuelle Arbeit von Chi und Roscoe sein. Notwendigerweise müssten beide Seiten Erweiterungen als auch Ausdifferenzierungen ihren Theorien anfügen, die mit ihrer Grundidee abgestimmt sind. Am vielversprechendsten wäre es jedoch, wenn eine Zusammenarbeit von gemeinsamen Forschungsprojekten zustande käme, um Vergleiche der Theorien und ihrem Erfolg in der Praxis aufstellen zu können (vgl. Stark, 2003: 142).

7. Zusammenfassung der eigenen Argumentation und Schlussfolgerung

Nachdem ich mich mit den unterschiedlichsten Ansätzen auseinandergesetzt habe, werde ich meine Eindrücke zusammenfassen. Meines Erachtens ist Conceptual Change aus situierter Sicht in sich schlüssiger. Ich denke nicht, dass Lernende allein intrinsisch aus eigenem Antrieb heraus lernen und isoliert Konzepte angleichen können. Piagets Theorie der Äquilibration sehe ich somit als kritisch und als veraltet an. Einerseits, da sich der Lernende laut seiner Theorie, welche ich bereits in Kapitel 4.1. vorgestellt habe, ohne Zutun der Umwelt sich an diese anpasst. Dies ist meiner Meinung nach nicht möglich. Hier sehe ich mich durchaus durch Vygotskys Meinung bestätigt. Andererseits, da Piaget zufolge Lernen an einem Zeitpunkt ausgeschöpft ist und ein Weiterentwickeln bzw. Weiterlernen des Individuums nicht gegeben. Ich sehe dies durch mein Verständnis und durch eigene Erfahrungen bestätigt anders, denn die heutige Sicht geht von lebenslangem Lernen aus, auch wenn das Lernen ab einem gewissen Zeitpunkt schwerer fällt. Durch die Kenntnis der Zone der nächsten Entwicklung, die ich in Kapitel 5.1. vorgestellt habe, und das zu ihr gehörende geführte, begleitete Lernen erachte ich Vygotskys situierte Sicht auf Conceptual Change als realistischer und schlüssiger. Den Rahmentheorieansatz von Vosniadou halte ich zwar für sehr gut verständlich, allerdings vermisse ich auch hier die äusseren Einflüsse, die das Lernen begünstigen sowie soziale Faktoren. Hierauf gehe ich nochmal weiter unten ein. Es ist sehr wichtig, dass nicht nur passende Lernumgebungen, sondern auch Situationen geschaffen werden, die das Lernen unter Berücksichtigung der in den Ansätzen genannten Faktoren ermöglichen und erleichtern sollen. Ich erachte situiertes, kontextgebundenes und vor allem auch soziales Lernen für am erfolgversprechendsten, wenn die Situationen nicht zu einschränkend sind, wie bereits in Kapitel 5.1. erwähnt. Denn auch dies kann ein Übertragen von Konzepten erschweren, nicht nur ein rein kognitives Lernen ohne Handeln. Wissen muss anwendbar und übertragbar sein, genau dies ist heute noch oft das Problem des heutigen Unterrichts. Auch hier gebe ich Vygotsky Recht wenn er sagt, dass Lernen und Handeln eng in Kontakt bleiben müssen. Lernen durch Handeln ist meiner Meinung nach nicht nur äusserst wichtig, es ist unabdingbar. Wenn ich nun die gewonnenen Erkenntnisse auf mein Studium übertrage: Mein Lernen wäre ohne die Praktika in den Primarschulen eindeutig viel weniger erfolgreich. Ich kann alles auswendig lernen, aber wenn ich das Gelernte nicht in Praxis umsetzen kann, profitiere ich wenig und ich kann mich auch schwerer weiterentwickeln. Handlungsorientiertes und konstruktivistisches Lernen ist meiner Meinung nach ein Muss. Den Kategorisierungsansatz von Chi finde ich sehr spannend. Gerade die Kategorisierungsfehler von Prozessen, der von ihm sogenannten „Constraint – Based – Interaction" Kategorie, kann ich gut nachvollziehen. Die Zuweisung der Prozesse in falsche Kategorien macht ein darauf aufbauendes Weiterlernen unmöglich. Dies würde auch Probleme vieler Schülerinnen und Schüler vor allem im Physikunterricht erklären. Die Konzepte können nicht verändert werden, wenn die Fehler nicht erkannt und verstanden werden. Das finde ich im Vergleich zu Vosniadous Ansatz besser nachvollziehbar. Sie spricht ihrerseits von Initialmodellen, die angepasst oder komplett verworfen werden müssen, um wissenschaftliche Modelle zu werden. Meiner Meinung nach ist Chis Erklärung überzeugender als die Rahmentheorie von Vosniadou, da sie Wissen und Konzepte als richtig oder falsch deklariert, ohne die Möglichkeit, dass dem Verständnis ein grundlegender Fehler unterliegt, der das Verständnis verunmöglicht, wie am Beispiel von Kraft als Kategorisierungsfehler in Kapitel 5.2. aufgezeigt. Dies kann das Interesse des Lernenden eher wieder hervorrufen, wenn er seinen Fehler einsieht und somit verändern kann. Säljös Ansatz, Konzepte gar nicht erst als solche zu untersuchen, hat mich besonders interessiert. Die Untersuchung dessen, was gewisse Fragen in einzelnen Individuen auslösen und sie auf eine bestimmte Weise handeln lässt, ist seiner Meinung nach wertvoller. Wie handelt der Mensch in einer bestimmten Situation und weshalb? Und welche Rolle spielen der Kontext sowie die Sprache? Die Ideen, nicht die Konzepte zu betrachten, sondern die Reaktion und das Handeln Einzelner in spezifischen Situationen, gefallen mir sehr. Dieser Einbezug des sozialen und vor allem des historischen Kontextes könnte bestimmte viele Antworten bzw. Reaktionen von Lernenden erklären. Ich kann allen Ansätzen positive Aspekte abgewinnen, gleichzeitig haben sie auch ihre Nachteile. Auch ich bin, wie Stark (2003) der Meinung, dass ein Zusammenschluss von kognitionstheoretischen und situierten Ansätzen die beste Möglichkeit wäre. So könnte man die Nachteile der anderen Seite verringern oder sogar auslöschen. Aber bis es soweit ist, sollten Lernende und Lehrende versuchen, das Lernen so passend und stimmig wie möglich zu gestalten. Das gelingt, denke ich, am besten, indem man von allen Ansätzen die positiven Seiten einfliessen lässt und somit ein selbstständiges und entdeckendes, aber auch soziales und situationsbedingtes Lernen fördert.

8. Literaturverzeichnis

Bruner, Jerome.S.: *Der Akt der Entdeckung*, In: Neber, Heinz (Hg. 1973): *Entdeckendes Lernen*, Weinheim, Beltz, S. 15-27.

Grundmann, Matthias (1999): *Konstruktivistische Sozialforschung: Lebensweltliche Erfahrungskontexte, individuelle Handlungskompetenzen und die Konstruktion sozialer Strukturen.* Frankfurt Am Main, Suhrkamp.

Guzzetti, Barbara; Hydn, Cynthia (1998): *Perspectives On Conceptual Change. Multiple Ways to Understand Knowing and Learning in a Complex World.* London : Lawrence Erlbaum Associates.

Möller, Kornelia (2007): *Genetisches Lernen und Conceptual Change.* In: Kahlert, Joachim (Hg.) *Handbuch Didaktik des Sachunterrichts.* Bad Heilbrunn: Klinkhardt, S. 258-266.

Säljö, Roger (1999): *Context, Cognition and Discourse. From Mental Structures to Discoursive Tools.* In: Schnotz, Wolfgang; Vosniadou, Stella; Carretero, Mario (Eds.): *New Perspectives on Conceptual Change.* Amsterdam: Pergamon, p. 81-90.

Schnotz, Wolfgang (2006, a): *Conceptual Change.* In: Rost, Detlef H. (Hg.): *Handwörterbuch pädagogische Psychologie.* 3., überarb. und erw. Aufl. Weinheim: Beltz, S.77-82.

Schnotz, Wolfgang (2006, b): *Pädagogische Psychologie Workbook.* Weinheim: Beltz.

Siegler, Robert; DeLoache, Judy und Eisenberg, Nancy (2008): *Entwicklungspsychologie im Kindes- und Jugendalter.* Heidelberg: Spektrum S.180-185.

Sinatra, Gale und Pintrich, Paul (2003): *Intentional Conceptual Change.* London : Lawrence Erlbaum Associates.

Stark, Robin (2003): *Conceptual Change: kognitiv oder situiert?* In: Zeitschrift für Pädagogische Psychologie, 17 (2). 133-144.

Vosniadou, Stella; Vamvakoussi, Xenia; Skopeliti, Irini (2008): *The Framework Theory Approach to the problem of Conceptual Change*. In: Vosniadou, Stella (Hg.): *International handbook of conceptual change*. London: Routledge, S. 3-34.

Vygotsky, L.S. (1978): *Mind In Society. The Development of Higher Psychological Processes* In Cole, Michael; John-Seiner, Vera; Scribner, Silvia und Souberman, Ellen. (Hg.): In: *Vygotsky, L.S.* Harvard, Cambridge, London: Harvard University Pr; Auflage: Revised.